목차

P4 일러스트의 색상, 모양, 크기 등 다른 것을 찾는 '**다른 그림 찾기**'는 시각을 통해 뇌를 자극합니다.

.... 게이힌 병원 원장 쿠마가이 요리요시

어디에 있을까? 다른 그림을 찾아보세요!

- P7 ① 시력 공격
- P8 ② 매켄지 체조
- P9 ③ 비오는 날 개운술
- P10 ④ 얼굴 요가
- P11 ⑤ 물개 스트레칭
- P12 ⑥ 종아리 마사지
- P13 ⑦ 걷기
- P14 ⑧ 체간 돌리기 다이어트
- P15 ⑨ 양손 들어 뻗기
- P16 ⑩ 어깨 비틀기
- P17 ⑪ 천천히 오르내리기
- P18 ⑫ 댄스 다이어트
- P19 ⑬ 저그사이즈
- P20 ⑭ 골반 베개 다이어트
- P21 ⑮ 토마토
- P22 ⑯ 중국 숟가락 마사지
- P23 ⑰ 목 허리 베개
- P24 ⑱ 손목 스트레칭
- P25 ⑲ 물 마시기

P26	20	팔뚝 스트레칭
P27	21	골반 볼 다이어트
P28	22	목을 따뜻하게
P29	23	견갑골 스트레칭
P30	24	겨드랑이 뻗기
P31	25	바퀴벌레 체조
P32	26	노르딕 워킹
P33	27	무릎 꿇고 서기
P34	28	과일 효소 주스
P35	29	쾌변 요가
P36	30	허리 통통
P37	31	코브라 자세 스트레칭
P38	32	숙면
P39	33	오트밀
P40	34	흰머리 관리
P41	35	손톱 주무르기
P42	36	생명 저축 체조
P43	37	발효 생강
P44	38	둔근 스트레칭
P45	39	구강 관리
P46	40	커피

다른 그림 찾기 정답

P48 ① ~ ⑥ 정답

P49 ⑦ ~ ⑫ 정답

P50 ⑬ ~ ⑱ 정답

P51 ⑲ ~ ㉔ 정답

P52 ㉕ ~ ㉘ 정답

P53 ㉙ ~ ㉜ 정답

P54 ㉝ ~ ㊱ 정답

P55 ㊲ ~ ㊵ 정답

일러스트의 색상, 모양, 크기 등 다른 것을 찾는 '다른 그림 찾기'는 시각을 통해 뇌를 자극합니다.

쿠마가이 요리요시 뇌신경외과 전문의·게이힌 병원 원장

1977년 게이오대학 의학부 졸업 후, 도쿄대학 뇌신경외과 교실, 도쿄 경찰 병원, 도립 에바라 병원, 도쿄대학 의학부 부속 병원, 자위대 중앙병원 등을 거쳐서 1992년부터 현직. 뇌신경외과 전문의로 만성기 의료에 전념하고, 치매 치료에 특화되어 있다. 많은 진료 경험에서 독자적인 치매 3단계 케어를 고안했다. 저서로는 「하루 3분 두뇌가 활성화되는 다른 그림 찾기」시리즈(유나), 「치매는 될 수도 있고, 예방하면 더욱 좋다」(마키노 출판) 등이 있다.

색의 변화를 찾는 행위가 기분을 상쾌하게 합니다

우리 병원은 치매의 진단 및 치료 방법이 아직 없었던 25년 이상 전부터 수많은 환자들을 직접 겪으면서 치매 증상을 경감시키기 위해 노력해 왔습니다. 그 현장에서의 오랜 경험으로 현재는 치매 환자의 치료 방침을 결정할 때 다음 세 가지 상태를 확인하고 있습니다.

❶ 입력 정보(지각신경)
❷ 출력 정보(운동신경)
❸ 에너지(의욕)

❶의 입력 정보란 눈이나 귀 등의 감각기관에서 얻을 수 있는 이른바 오감을 말하며 시각, 청각, 후각, 미각, 촉각의 상태를 확인합니다.
❷의 출력 정보란 신체 능력을 말하며, 주로 다리의 근력을 확인합니다.
❸의 에너지란 의욕이나 사교성의 정도입니다.
개인차는 있지만 치매 환자는 이 세 가지 요소가 쇠퇴하는 것을 확인할 수 있습니다.
현재는 치매 잠복기나 전 단계인 경도인지장애(MCI) 등 이른 시기에, 특히 ❶입력 정보의 쇠퇴가 확인되고 있습니다. 치료 현장에서도 예로부터 치매 환자의 후각이 약해진다고 알려져 있습니다.

인지 기능이 저하되기 때문에 오감이 쇠퇴하는 것인지, 오감이 쇠퇴하기 때문에 인지 기능이 저하되는 것인지는 알 수 없습니다. 다만, 저는 오감을 적절히 자극하면 인지 기능 저하를 막을 수 있고 건망증이나 치매를 예방할 수 있다고 생각합니다.

그러나 최근 코로나 사태로 오감을 충분히 자극할 수 없는 생활을 하고 있습니다.

피부로 느끼는 태양의 따뜻함과 비바람의 차가움, 길가의 꽃과 향기, 시시각각 변화하는 하늘, 이웃과의 대화…. 그런, 평소에 느끼던 자극이 줄어들면 오감(❶입력 정보)은 쇠퇴합니다.

또한, 외출이 줄어들어 운동이 부족하게 되면 다리를 중심으로 한 근력(❷출력 정보)이 저하됩니다. 다리의 근력이 쇠약해지면 넘어질까 무서워 외출할 의욕(❸에너지)도 없어집니다.

'다른 그림 찾기'는 오감 자극이 적어지기 쉬운 요즘, 뇌 인지 기능의 저하를 막을 수 있는 하나의 수단입니다. 우리 병원에서는 치매 잠복기나 경도인지장애 환자에게 오감을 자극하는 재활치료를 권장하고 있습니다. 이에 따라 개인차는 있지만, 증상이 줄어들고, 치매 진행이 늦어지는 것을 확인하고 있습니다.

'다른 그림 찾기'는 시각 재활 방법의 하나입니다.

본 도서의 일러스트는 뚜렷한 윤곽과 선명한 색채로 그려져 있어서, 사진으로 된 것보다 다른 그림을 찾기 쉽습니다. 일러스트의 색상이나 모양, 크기 등 차이를 발견하는 행위는 시각을 통해 뇌를 자극합니다.

또한, 색의 변화를 찾는 행위는 기분도 맑게 해 줄 수 있습니다.

우리 인간은 기분이 우울해지면 색의 그러데이션 등의 세세한 차이를 알기 어려워진다고 알려져 있습니다. 실제로 우울증 환자의 대부분은, 병세가 개선되면 「세상이 컬러풀해졌다」 라고 합니다.

코로나로 기분이 우울해지기 쉬운 요즘, 선명한 색채의 다른 그림 찾기로 인지 기능 유지와 기분 향상을 도모하세요.

밤에 하면 수면에 방해가 되므로, 낮에 하세요

다른 그림 찾기는 낮에 하세요. 밤에 시각을 많이 자극하면 수면에 방해를 받게 됩니다.

다른 그림 찾기를 오랜 시간 계속하면 뇌의 작업 효율이 떨어지기 때문에, 풀 때는 5~10분 간격으로 휴식을 취하세요. 풀리지 않아 미궁에 빠질 것 같을 때는 일단 마무리하고 다음 문제로 넘어가세요. 한 문제 풀 때마다 다른 방으로 이동하거나, 집안일을 하는 등 다른 오감을 사용하면 뇌를 더욱 자극할 수 있고 집중력도 높아집니다. 가족이나 친구들과 와글와글 즐기면서 푸는 것도 뇌에 좋은 자극이 됩니다.

문제를 외워도 시각은 자극될 수 있고, 반복 학습을 통해 기억을 정착시키는 능력도 향상됩니다. 꼭 여러 번 반복해서 도전하세요.

TV를 보거나 음악을 들으면서 하는 것은 집중력이 떨어지기 때문에 권장하지 않습니다.

다만 일러스트와 관련 있는 음악이나 향기 같은 것이라면, 오감을 더욱 자극할 수 있습니다. 꽃 그림이라면 꽃향기를 맡으면서 하는 식입니다. 꼭 즐기면서 두뇌를 자극해 보세요.

다른 그림을 찾아보세요!

위아래 일러스트를 비교해서 다른 부분을 찾는 문제를 40개 준비했습니다.

다른 그림 수는 문제 당 4~5개.

각 문제에 다른 그림의 수가 적혀있으니 확인해 주세요.

또한 건강에 관한 미니 칼럼도 있으니 꼭 읽고 실천해 보세요.

하는 방법

위아래 일러스트를 비교하면 4~5개의 다른 곳이 있습니다. 이 다른 부분을 찾아보세요.

일러스트 왼쪽의 표에는 다른 그림 찾기를 한 날짜와 다른 그림을 전부 찾는데 걸린 시간을 3번 적을 수 있습니나.

한 권을 다하면, 다시 도전해서 지난번에 걸린 시간보다 빨리 찾는 것을 목표로 해보세요!

날짜	걸린 시간
7/20	7 분
7/25	3 분
/	분

1 시력 공격

다른 그림 5개

천장에 매달은 종이 장난감을 손으로 가볍게 쳐서 흔드세요. 이것은 흔들리는 물체를 눈으로 쫓는 훈련으로 눈의 초점 조절 기능을 담당하는 모양체근의 긴장이 풀리는 동시에 동체 시력을 단련할 수 있습니다. 스마트폰이나 컴퓨터를 너무 많이 보는 사람에게 추천합니다.

날짜	걸린 시간
/	분
/	분
/	분

2 매켄지 체조

다른 그림 5개

'매켄지 체조'는 뉴질랜드 물리치료사 로빈 매켄지에 의해 확립된 체조입니다. 매켄지 체조에는 여러 종류가 있는데 일러스트는 양손으로 턱을 가볍게 누르면서 머리를 뒤로 당기는 체조로 목에 원인이 있는 어깨 결림에 효과적입니다.

날짜	걸린 시간
/	분
/	분
/	분

3 비 오는 날 개운술

다른 그림 4개

'병은 기운에서'라는 말이 있듯이 마음의 상태도 건강에는 중요합니다. 비 오는 날은 우울해지기 쉽지만, 사실은 비오는 날이야말로 운기를 높이기에 최적이라고 합니다. 외출 전 부채로 부채질하여 습기를 날리고 물방울 무늬 우산을 쓰면 운기가 호전된다고 합니다.

날짜	걸린 시간
/	분
/	분
/	분

4 얼굴 요가

다른 그림 5개

얼굴 처짐은 나이가 들수록 신경 쓰입니다. 어쩔 수 없다고 포기하기 전에 꼭 '얼굴 요가'를 시도해 보세요. 입을 '오'자 모양으로 만들어 코 밑을 펴고, 그대로 시선만 한껏 위로 향하게 합니다. 숨을 내쉬면서 얼굴을 그대로 10초간 유지하세요.

날짜	걸린 시간
/	분
/	분
/	분

10

5 물개 스트레칭

다른 그림 5개

이번에 소개해드리는 것은 '물개 스트레칭' 입니다. 엎드려서 두 팔을 세우고 상체를 젖혀주세요. 그 자세 그대로 10초간 유지합니다. 새우등으로 움츠러들기 쉬운 배가 늘어나 변비에 효과적입니다. 또한, 굽혔을 때 허리가 아픈 사람에게도 추천합니다.

날짜	걸린 시간
/	분
/	분
/	분

6 종아리 마사지

다른 그림 4개

건강한 사람의 종아리는 ①적당히 따뜻하고 ②탄력이 있고(너무 딱딱하거나 흐물거리지 않고) ③눌렀을 때 통증이 없다고 합니다. 당신의 종아리는 어떤가요? 차갑거나 딱딱하거나, 부어 있는 분은 종아리를 마사지하세요.

날짜	걸린 시간
/	분
/	분
/	분

7 걷기

다른 그림 5개

가장 친숙한 운동인 '걷기'는 건강한 심신을 만들기 위해서도 꼭 추천합니다. 하지만 원래 운동 습관이 없는 사람은 신중하게 시작하세요. 걸은 후 피로가 남는 경우에는 거리와 속도를 조절하하면서 오래 지속하도로 하세요.

날짜	걸린 시간
/	분
/	분
/	분

8 다이어트 체간 돌리기

다른 그림 5개

다이어트는 하고 싶지만 운동은 잘 못하고 식사도 조절하기 힘든 사람들에게 추천하는 것이 '체간 돌리기'입니다. 책상다리를 한 상태에서 상체를 전후좌우로 움직여서 돌리는 다이어트 방법입니다. 체간(= 몸의 줄기에 해당하는 허리 둘레)을 단련하여 지방 연소를 촉진합니다.

날짜	걸린 시간
/	분
/	분
/	분

9 양손 들어 뻗기

다른 그림 5개

움츠린 근육이 늘어나면 몸의 유연성이 높아지고 혈류가 개선됩니다. 우측 그림은 '양손 들어 뻗기'라는 스트레칭입니다. 팔을 똑바로 들어 손바닥을 맞대고 오른발을 한 걸음 앞으로 크게 내밉니다. 그 자세에서 오른 다리가 90도로 될 때까지 천천히 자세를 낮춥니다.

날짜	걸린 시간
/	분
/	분
/	분

10 어깨 비틀기

다른 그림 4개

보이지 않기 때문에 의식할 수 없지만, 사실 어깨는 뭉치기 쉽습니다. '어깨 비틀기'로 견갑골을 움직여 등을 풀어주세요. 양 팔을 비스듬히 펴고 오른쪽 팔을 안쪽으로 비틀면서 어깨를 앞으로 내밉니다. 왼팔은 뒤로 당기면서 바깥쪽으로 비트세요. 반대쪽도 해주세요.

날짜	걸린 시간
/	분
/	분
/	분

11 천천히 오르내리기

다른 그림 4개

오르내리기는 많은 분들이 알고 있는 건강법입니다. 천천히, 큰 움직임으로 실시하면 건강 효과가 크게 향상됩니다. 페이스는 60 템포. 1분에 60의 리듬으로 15회 오르내립니다. 실제로 해보면 너무 느리다고 생각되지만, 그걸로 OK입니다.

날짜	걸린 시간
/	분
/	분
/	분

12 댄스 다이어트

다른 그림 5개

코로나19의 영향으로 집에서 인터넷이나 DVD를 보고 그 움직임에 맞춰 운동을 하는 '댄스 다이어트'가 유행하고 있습니다. 다양한 난이도의 춤이 있기 때문에 자신의 운동 능력에 맞는 것을 선택하여 즐겁게 춤을 춰 보세요.

날짜	걸린 시간
/	분
/	분
/	분

13 저그사이즈

다른 그림 4개

여러 개의 공이나 고리 등을 던지는 기술을 '저글링'이라고 하는데, 이것을 운동과 조합하여 응용한 것이 '저그사이즈'입니다. 집에서 하는 경우에는 우선 다리를 어깨너비로 벌리고 등을 펴고 조금 허리를 숙인 자세로 저글링을 해보세요.

날짜	걸린 시간
/	분
/	분
/	분

14 골반 베개 다이어트

다른 그림 5개

허리 밑에 통 모양의 베개를 대고 누워 있으면 골반 뒤틀림이 교정되어 다이어트에 도움이 됩니다. 운동을 잘 못해서 귀찮아 하는 사람에게 딱 맞는 다이어트 방법입니다. 수건을 둥글게 말아서 골반 베개를 대체할 수도 있습니다.

날짜	걸린 시간
/	분
/	분
/	분

15
토마토

다른 그림 5개

여름 채소 하면 토마토! 7만 명의 의사를 대상으로 한 설문조사 (2015년. 메드피아 주식회사 발표)에서 '건강을 위해 적극적으로 먹고 있는 것은?'이라는 질문에 1위가 토마토였습니다. '토마토가 빨갛게 되면 의사가 파랗게 된다'라는 유럽 속담도 있습니다.

날짜	걸린 시간
/	분
/	분
/	분

16 마사지 중국 숟가락

다른 그림 5개

얼굴 근육은 말을 하거나 웃거나 하는 등 굉장히 많이 활동하고 있습니다. 그만큼 피로가 쌓여서 쉽게 뭉칠 수 있습니다. 얼굴 결림 해소에 추천하는 것이 중국 숟가락을 이용한 마사지입니다. 숟가락 측면을 얼굴 윤곽이나 목덜미 등의 뼈에 대고 미세하게 움직이면서 아래에서 위로 이동시켜보세요.

날짜	걸린 시간
/	분
/	분
/	분

17 목 허리 베개

다른 그림 4개

20페이지에서 소개한 골반 베개와 함께 목 밑에도 수건으로 만든 베개를 베면 골반 교정 효과가 높아지고 몸의 뒤틀림이 정돈되기 쉽다고 합니다.「해보니까, 몸이 기분 좋게 늘어나서 자주 하게 돼요」라는 평가가 많은, 인기 있는 건강법입니다.

날짜	걸린 시간
/	분
/	분
/	분

18 손목 스트레칭

다른 그림 5개

손목뼈를 잡은 상태에서 손목을 흔들거나 팔꿈치를 뒤쪽으로 당기면서 하는 '손목 스트레칭'은 신기하게도 손목을 잡지 않고 움직이는 것보다 근육의 가동 범위가 넓어져 자유롭게 움직이기 쉬워진다고 합니다. 꼭 시험해 보세요!

날짜	걸린 시간
/	분
/	분
/	분

19 물 마시기

다른 그림 5개

일반적으로 식사 이외에 하루 1~1.5ℓ의 수분 보충이 필요하다고 합니다. 특히 나이가 들면 몸에서 수분이 없어져도 목이 잘 마르지 않아서, 모르는 사이에 열사병이나 혈액이 끈적해질 수 있습니다. 평소에 자주 수분을 섭취하세요.

날짜	걸린 시간
	분
	분
	분

20 팔뚝 스트레칭

다른 그림 4개

팔뚝은 신경 쓰이지만 가늘게 하기 어려운 부위입니다. 다음과 같은 방법으로 팔뚝을 조여주는 스트레칭을 해보세요. 팔을 몸 옆으로 들어 올리고 그대로 안쪽으로 30회, 바깥쪽으로 30회 돌립니다. 팔을 똑바로 펴고 할수록 부하가 강해지고 효과도 커집니다.

날짜	걸린 시간
/	분
/	분
/	분

21 골반 볼 다이어트

다른 그림 4개

다리 사이에 부드러운 고무공을 끼고, 그 상태에서 허리를 돌리거나 팔을 뻗는 간단한 스트레칭을 해주는 것이 '골반 볼 다이어트'입니다. 다리에 공을 끼움으로써 골반의 위치와 움직임을 의식하기 쉬워지고 뒤틀림 교정 효과도 커집니다.

날짜	걸린 시간
/	분
/	분
/	분

22 목을 따뜻하게

다른 그림 5개

감염병 예방을 위해 평소 면역력을 높이고 싶은 사람이 늘고 있습니다. 뜨거운 물을 넣은 페트병으로 목을 따뜻하게 하는 것은 손쉽게 할 수 있어 추천합니다. 면역력 향상은 물론 목과 어깨 결림, 결림에 의한 두통 등의 해소에도 안성맞춤입니다.

날짜	걸린 시간
/	분
/	분
/	분

23 견갑골 스트레칭

다른 그림 5개

국민병이라고도 하는 '어깨 결림'은 견갑골 주위의 근육이 굳어 있는 것이 한 가지 원인입니다. 무릎을 세우고 엉덩이를 내민 상태에서 엎드립니다. 한쪽 팔을 뻗고, 뻗은 팔 쪽 볼을 바닥에 붙입니다. 그대로 20초 유지하고, 반대쪽 팔도 똑같이 해주세요.

날짜	걸린 시간
	분
	분
	분

24 겨드랑이 뻗기

다른 그림 4개

겨드랑이는 별로 의식하지 않는 부위이지만 림프가 집중되어 있는 중요한 부위입니다. 스트레칭으로 풀면서 자극을 주세요. 팔을 쭉 뻗어 손바닥과 몸을 벽에 붙이고 서서, 체중을 가하여 10초간 유지합니다. 반대편도 동일하게 해주세요. 겨드랑이를 주무르는 것도 추천합니다.

날짜	걸린 시간
/	분
/	분
/	분

25 바퀴벌레 체조

다른 그림 5개

위를 보고 누워서 양 팔과 두 다리를 위로 뻗어 부들부들 떠는 것이 바퀴벌레 체조입니다. 뒤집힌 바퀴벌레 모습과 닮았다고 이름 붙여진듯합니다. 이름은 징그럽지만 혈관을 강하고 유연하게 만들어 동맥 경화를 예방하고 혈압을 낮추는 효과는 확실합니다.

날짜	걸린 시간
/	분
/	분
/	분

26 노르딕 워킹

다른 그림 4개

북유럽에서 생겨난 걷기 방법인 '노르딕 워킹'은 스키 스톡을 닮은 폴 2개를 들고 다닙니다. 부담은 적고 효과는 높은 걷기 방법으로, 하체가 불안한 사람도 안전하고 효과적으로 걷기를 즐길 수 있어서 인기입니다.

날짜	걸린 시간
/	분
/	분
/	분

27 무릎 꿇고 서기

다른 그림 4개

스마트폰의 보급에 따라 거북목을 걱정하는 사람이 급증하고 있습니다. 이런 분들께 추천하는 것이 '무릎 꿇고 서기'입니다. 이것만으로도 등줄기가 팽팽하게 펴지고 바른 자세가 될 수 있습니다. 하루 한 번이라도 계속하다 보면 등줄기가 쭉 뻗은 올바른 자세 감각이 몸에 배어납니다.

날짜	걸린 시간
	분
	분
	분

28 과일 효소 주스

다른 그림 5개

포도나 사과, 감 등 제철 과일과 과일 무게의 1.1배인 백설탕을 절임통이나 병에 넣고 가볍게 섞어 발효시킨 것이 '과일 효소'입니다. 발효가 진행되어 거품이 생기면 과일은 대충 거르고, 발효 엑기스를 물에 희석하여 마십니다.

날짜	걸린 시간
/	분
/	분
/	분

29 쾌변 요가

다른 그림 5개

변비는 만병의 근원입니다. 변비로 고민하는 분들께 쾌변 요가를 추천합니다. 양손을 가슴 앞에 모으고 오른쪽 무릎을 세웁니다. 숨을 내쉬면서 오른쪽으로 몸을 비틀고 왼쪽 팔꿈치를 오른쪽 무릎 바깥쪽에 놓습니다. 팔꿈치와 무릎으로 밀면서 5~10번 호흡합니다. 반대쪽도 동일하게 진행합니다.

날짜	걸린 시간
/	분
/	분
/	분

30 허리 통통

다른 그림 4개

배에 가스가 차면 통증이나 불쾌감이 생깁니다. 요통을 호소하는 사람은 가스가 차기 쉽다고 합니다. 이런 분에게 추천하는 것이 '허리 통통'입니다. 주먹을 쥐고 기분 좋은 강도로 허리 주변을 두드리세요. 딱딱한 허리 주위가 풀려서 배에 가스가 찬 것을 해소하는 데 도움을 줍니다.

날짜	걸린 시간
/	분
/	분
/	분

31 코브라 자세 스트레칭

다른 그림 5개

이 스트레칭은 태학공이라는 중국 기공법을 바탕으로 고안되었습니다. 기분 좋게 몸을 펴는 것으로, 몸의 앞쪽에 있는 임맥과 몸 뒤쪽에 있는 독맥이라는 경락(기의 흐름길)의 흐름이 좋아집니다. 그 결과, 지방 연소가 촉진됩니다.

날짜	걸린 시간
/	분
/	분
/	분

32 숙면

다른 그림 4개

불면은 매우 괴롭습니다. 그래서인지 금방 잠들면 잘 자고 있다고 착각하는 사람이 많습니다만, 사실은 그렇지 않습니다. 이것은 기절에 가까운 상태에서 뇌가 셧다운 되었을 뿐입니다. 건강한 사람은 이불에 들어가서 잠들기까지 10~20분 걸린다고 합니다.

날짜	걸린 시간
	분
	분
	분

33 오트밀

다른 그림 5개

'오트밀'은 귀리를 탈곡하여 먹기 좋게 만든 것인데, 곡물인데도 단백질이나 식이섬유가 많아 당질은 줄이고 다이어트에 안성맞춤인 식재료입니다. 물과 함께 전자레인지에 돌려 리조토처럼 먹는 등 새로운 먹는 방법이 인기입니다.

날짜	걸린 시간
/	분
/	분
/	분

39

34 흰머리 관리

다른 그림 5개

나이가 들면 누구나 신경 쓰이는 것이 '흰머리'입니다. 어떤 것을 먹는지도 영향을 준다고 합니다. 흰머리 개선에 필요한 것은, 머리를 염색할 때 필요한 미네랄과 비타민, 모발의 원료가 되는 단백질입니다. 이것들이 풍부한 계란, 고기, 생선, 콩을 적극적으로 드셔보세요.

날짜	걸린 시간
	분
	분
	분

35 손톱 주무르기

다른 그림 5개

면역력을 높이고 싶은 사람들에게 추천하는 것이 '손톱 주무르기'입니다. 손톱이 자라는 부분을 반대 손 엄지와 검지로 잡고, 기분좋게 아플정도의 강도로 엄지손가락부터 새끼 손가락까지 눌러줍니다. 자율신경의 흐트러짐이 정돈되어 면역력이 좋아지고, 다양한 증상의 개선에 도움을 주는 건강법입니다.

날짜	걸린 시간
/	분
/	분
/	분

36 생명 저축 체조

다른 그림 5개

'생명 저축 체조'는 몸의 기운이나 피가 잘 돌게 하여 질병을 예방하여, 의사도 권장하는 체조입니다. 무려 2만 명이나 실천하고 있습니다. 90세에도 편안하게 할 수 있고, 다리를 쫙 벌릴 수 있을 정도로 몸이 유연해지고, 몸 상태가 개선되어 인기가 많습니다.

날짜	걸린 시간
/	분
/	분
/	분

37 발효 생강

다른 그림 5개

생강은 추운 겨울 몸에 좋은 식재료이지만, 사용할 때마다 갈아야 하는 것이 불편합니다. 손쉽게 섭취하는 방법으로 '발효 생강'을 추천합니다. 생강을 갈아서 병에 담아 냉장고에 2주간 놔두면 됩니다. 간단히 만들 수 있는 데다 발효의 힘으로 생강의 약효가 파워업됩니다.

날짜	걸린 시간
/	분
/	분
/	분

38 둔근 스트레칭

다른 그림 5개

엉덩이 근육을 기분 좋게 펴는 것만으로도 보디라인이 아름다워지고, 다리도 가늘어지는 인기 있는 방법이 '둔근 스트레칭'입니다. 정좌 자세에서 한쪽 다리를 뒤로 뻗고 양손을 앞쪽에 댑니다. 구부리고 있는 쪽 다리는 가급적 바깥쪽을 향하도록 하세요.

날짜	걸린 시간
/	분
/	분
/	분

39 구강 관리

다른 그림 5개

당신의 구강은 건강한가요? 치주 질환에 걸리면 치아가 빠질 뿐만 아니라 치매나 당뇨병의 악화를 초래하는 등 전신에 다양한 악영향을 준다고 알려져 있습니다. 치아는 건강의 요체입니다. 매일 관리하여 언제까지나 좋은 상태를 유지하고 싶습니다.

날짜	걸린 시간
/	분
/	분
/	분

40 커피

다른 그림 5개

맛있고 몸에 좋은~ 꿈같은 음료가 '커피'입니다. 커피를 마시는 사람은 사망률이 낮고 당뇨병이나 간질환을 예방하고 개선하는 등 다양한 건강효과를 기대할 수 있다고 판명되었습니다. 하루 3잔 정도면 몸에 좋은 것이 많다고 합니다.

날짜	걸린 시간
/	분
/	분
/	분

다른그림찾기 정답

❶ 시력 공격 　　P7		❷ 매켄지 체조 　　P8	
❸ 비오는 날 개운술 P9		❹ 얼굴 요가 　　P10	
❺ 물개 스트레칭 　P11		❻ 종아리 마사지 　P12	

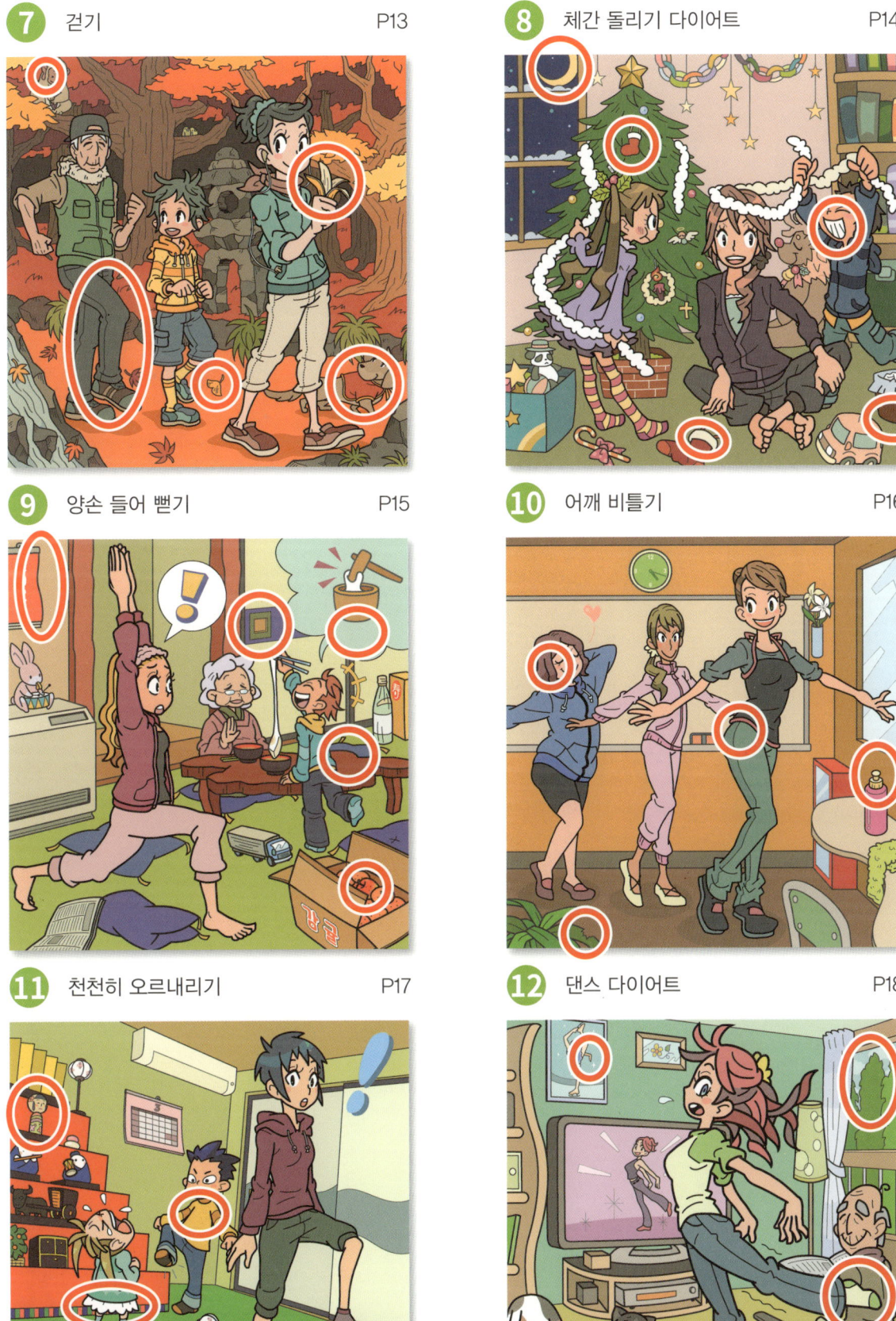

⑬ 저그사이즈　　P19

⑭ 골반 베개 다이어트　　P20

⑮ 토마토　　P21

⑯ 중국 숟가락 마사지　　P22

⑰ 목 허리 베개　　P23

⑱ 손목 스트레칭　　P24

⑲ 물 마시기　　　P25

⑳ 팔뚝 스트레칭　　　P26

㉑ 골반 볼 다이어트　　　P27

㉒ 목을 따뜻하게　　　P28

㉓ 견갑골 스트레칭　　　P29

㉔ 겨드랑이 뻗기　　　P30

 25 바퀴벌레 체조 　　P31
 26 노르딕 워킹 　　P32

27 무릎 꿇고 서기 　　P33
28 과일 효소 주스 　　P34

㉙ 쾌변 요가　　　P35

㉚ 허리 통통　　　P36

㉛ 코브라 자세 스트레칭　　　P37

㉜ 숙면　　　P38

33 오트밀 P39

34 흰머리 관리 P40

35 손톱 주무르기 P41

36 생명 저축 체조 P42

㉟ 발효 생강 　　　　　　P43

㊳ 둔근 스트레칭 　　　　P44

㊴ 구강 관리 　　　　　　P45

㊵ 커피 　　　　　　　　P46

55

뇌신경 전문의가 추천하는 두뇌 트레이닝!
하루 3분 두뇌가 활성화되는
다른그림찾기

1판 1쇄 발행 2023년 9월 15일

감 수	쿠마가이 요리요시
일러스트	D=준쿠
옮긴이	권효정
펴낸이	김현준
펴낸곳	도서출판 유나

경기도 용인시 수지구 만현로 20, 성산빌딩 2층 203호
전화 0505-922-1234   팩스 0505-933-1234
kim@yunabooks.com   www.facebook.com/yunabooks
www.yunabooks.com   www.instagram.com/yunabooks

ISBN 979-11-88364-35-0 (14650)
ISBN 979-11-88364-32-9 (세트)

NO GA IKKI NI MEZAMERU! MACHIGAI SAGASHI PART3
Copyright © MAKINO PUBLISHING 2021
Korean translation rights arranged with Makino Publishing Co.,Ltd.
through Japan UNI Agency, Inc., Tokyo and D&P Co., Ltd., Seoul

이 책의 한국어판 저작권은 (주)D&P를 통해 저작권자와 독점 계약한 도서출판 유나에 있습니다. 저작권법에 의하여 한국 내에서 보호를 받는 저작물이므로 무단전재와 무단복제를 금합니다.

* 잘못된 책은 구입처에서 바꾸어 드립니다.   * 책값은 뒤표지에 있습니다.

56